Mars *et* Vénus

365 JOURS D'AMOUR

Données de catalogage avant publication (Canada)

Gray, John, 1951-

   Mars et Vénus : 365 jours d'amour

   Traduction de : Mars and Venus : 365 ways to keep your love alive

   ISBN 2-7604-0715-2

   1. Relations entre hommes et femmes.   2. Amour.   3. Communication dans la sexualité.
I. Titre.

HQ801.G7314 2000   306.7   C00-940039-9

Les Éditions internationales Alain Stanké remercient Conseil des Arts, le ministre du
Patrimoine canadien et la Société de développement des entreprises culturelles pour leur
soutien financier.

© 1998, Mars Productions Inc.
Publié en accord avec Linda Michaels Ltd, International Literary Agency.
© 2000, Éditions Michel Lafon pour la traduction française.
© 2000, Les Éditions internationales Alain Stanké et les Éditions Michel Lafon pour
   le Canada uniquement.

ISBN 2-7604-0715-2

Dépôt légal : Bibliothèque nationale du Québec, 2000.

Les Éditions internationales Alain Stanké
615, boulevard René-Lévesque Ouest, bureau 1100
Montréal (Québec) H3B 1P5
Téléphone : (514) 396-5151
Télécopieur : (514) 396-0440

Internet : www.stanke.com
Courriel : editions@stanke.com

IMPRIMÉ AU QUÉBEC (Canada)

JOHN GRAY

Mars et Vénus

365 JOURS D'AMOUR

Stanké

Du même auteur

*Les hommes viennent de Mars,
les femmes viennent de Vénus*, 1998.

Mars et Vénus en amour, 1999.

Mars et Vénus refont leurs vies, 1999.

SOMMAIRE

CHERCHER L'AMOUR
7

CONSOLIDER L'AMOUR
72

ÉPROUVER L'AMOUR
145

RÉAPPRENDRE L'AMOUR
180

CHERCHER L'AMOUR

Lorsque notre cœur est ouvert, nous sentons d'emblée si une personne est faite pour nous ou non.

Quand nous commettons l'erreur de croire que les hommes et les femmes sont identiques, nos relations amoureuses s'encombrent d'attentes irréalistes.

Quand une femme est disposée
à déverrouiller l'entrée de son cœur,
les hommes se bousculent
au portillon.

Lorsque notre âme se languit
d'amour, nous gardons malgré tout
la conviction intime que nous avons
le pouvoir de combler ce manque.

Il faut beaucoup de persévérance
et de fidélité pour reconnaître
une âme sœur.

Les qualités réceptives qui attirent
les hommes sont la confiance,
l'ouverture d'esprit, l'acceptation
et la gratitude.

Quand une femme sait
reconnaître qu'une part d'elle-même
a besoin d'amour, les hommes sont
plus facilement attirés vers elle.

Pour qu'un homme éprouve une
attirance pour une femme, il a besoin
de sentir qu'il peut lui apporter
quelque chose.

Un homme a davantage besoin de l'amour d'une femme qu'une femme n'a besoin de l'amour d'un homme.

Pour s'ouvrir à l'amour, une femme doit accepter de recevoir le soutien d'autrui.

Si vous avez tendance à tomber trop vite amoureux, tâchez d'avancer à pas mesurés et soumettez la relation à l'épreuve du temps.

Quand notre cœur est ouvert, nous pouvons agir en parfaite harmonie avec notre objectif suprême : l'amour.

Quand nos décisions viennent
du cœur, elles sont capables de
transformer notre vie.

Quand un homme ne redoute pas
de se retrouver « piégé » dans une
relation, il est plus disposé à
s'y engager.

Pour que naisse le sentiment amoureux, une femme a besoin d'intimité romantique, alors qu'un homme aspire d'abord à l'intimité physique.

Lorsqu'un homme manque de confiance en soi ou dans sa relation, il préfère souvent ne rien faire et ne rien dire qui pourrait être retenu contre lui.

Pour nouer un lien étroit avec une autre âme, il faut au préalable que notre cœur soit ouvert.

L'attirance entre deux êtres n'est rien d'autre que la reconnaissance qu'ils possèdent chacun ce dont l'autre a besoin pour s'épanouir.

Une femme se sent flattée lorsqu'un homme prend le risque d'être éconduit pour faire sa connaissance.

La femme fournit le petit bois pour que le feu de l'amour puisse prendre lentement, jusqu'à embraser les plus grosses bûches.

Quand un homme se sent vraiment à l'aise en compagnie d'une femme, il se met à l'aimer davantage.

Flirter est une activité très excitante pour les hommes car cela leur permet de tester leur capacité à rendre une femme heureuse.

Les femmes aiment que les hommes cherchent à les épater, au lieu d'attendre qu'elles fassent quelque chose pour les impressionner.

Plutôt que de l'écouter parler de lui, une femme veut qu'un homme lui pose des questions pour apprendre à la connaître.

Outre son assurance, ce qui séduit une femme chez un homme, c'est sa curiosité à son égard et son don d'écoute.

D'instinct, un homme préfère ne pas montrer sa passion pour une femme, de peur de compromettre ses chances en paraissant trop demandeur.

Une femme adore être regardée, écoutée et désirée, mais rien ne la rassure tant que la conviction de pouvoir obtenir ce dont elle a besoin.

Un homme est excité à l'idée de gagner le cœur d'une femme et stimulé dans son ardeur par un sentiment viscéral qui lui souffle : « Je saurai la rendre heureuse. »

Quand une femme poursuit un homme de ses assiduités, il adopte automatiquement un profil plus détendu, voire passif, dans la relation.

Avant d'exposer sa vulnérabilité, un homme doit démontrer sans l'ombre d'un doute qu'il a les épaules assez larges pour assumer toute responsabilité.

Quand nos besoins élémentaires de survie sont satisfaits, notre désir d'amour et d'intimité passe au premier plan.

D'un point de vue masculin, il y a un gouffre entre une femme qui a besoin d'amour et une femme qui a besoin de l'amour d'un homme en particulier.

Ce qu'attend une femme :

... un homme qui se soucie de son

bien-être, qui comprenne les

difficultés qu'elle traverse et qui

reconnaisse la validité de ses

sentiments ;

... un homme qu'elle puisse aimer

librement, avec l'assurance d'être

aimée en retour ;

... un homme qui la remarque, qui

l'aime et la chérisse.

Ce qu'attend un homme :

... une femme qui l'accepte tel qu'il est ;

... une femme qui compte sur lui ;

... une femme qui l'admire pour ce qu'il a entrepris ou accompli.

... une femme qui lui fournisse l'occasion de satisfaire ses besoins.

Ce que veut une femme :

... un homme à qui elle puisse se fier

et qui ne trahira pas cette confiance

en révélant ses secrets ;

... un homme qui comprenne ses

goûts, et qui sache prendre la

direction des opérations pour lui

éviter cette peine ;

... un homme qui anticipe ses désirs et

qui lui offre son soutien sans qu'elle

ait à le solliciter.

Deux âmes sœurs possèdent de nombreux centres d'intérêts en commun, mais elles en ont très souvent encore plus qui diffèrent.

Pour trouver l'âme sœur, fréquentez des lieux où les gens ont des centres d'intérêts différents des vôtres.

Comment rencontrer l'âme sœur :
... établissez un contact oculaire avec
la personne sur qui vous avez
des visées ;
... n'oubliez pas que, dans une soirée,
une femme qui va de groupe en
groupe est plus facile à aborder.

Les femmes sont comme la lune,
les hommes comme le soleil. La
sexualité des femmes va croissant et
décroissant ; l'homme darde son rayon
tous les matins.

Un billet doux, un bouquet de fleurs et un petit cadeau ; une soirée au clair de lune ; un dîner au restaurant et enfin un zeste d'imprévu : voilà les ingrédients d'une histoire d'amour.

Quand un homme organise la soirée, s'occupe de réserver les billets de spectacle, prend le volant et règle tous les détails... la romance est en route.

L'idéal voudrait qu'on soit déjà comblé avant de s'engager dans une relation amoureuse.

Tant qu'un homme ne sait pas d'expérience ce que signifie « rendre une femme heureuse », il s'en tiendra à de vagues chimères.

Nous avons plus de chances de trouver un partenaire quand nous ne le recherchons pas désespérement ou lorsque nous ne comptons pas sur lui pour accéder au bonheur.

Notre âme sœur n'est pas parfaite, mais elle est parfaite pour nous.

C'est notre âme, et non notre esprit, qui reconnaît la personne destinée à partager notre vie.

On ne peut pas choisir une âme sœur en essayant de savoir si elle a toutes les qualités requises.

Une âme sœur est une personne
avec laquelle nous avons envie, du
fond du cœur, de partager notre
existence.

Quand on reconnaît son âme
sœur, on n'élit pas un être supérieur
aux autres, mais une personne avec
laquelle on peut s'épanouir, dans
l'amour et pour la vie.

Un homme est prêt à entamer une relation lorsque son désir de donner est plus fort que son besoin de recevoir.

Avant de s'engager, un homme doit s'assurer qu'il est prêt à se donner sans retenue.

Une femme est conquise par un homme qui a de l'allant et l'esprit d'entreprise, mais il n'est pas nécessaire pour autant qu'il accomplisse d'immenses prouesses.

Nous ne nous contentons plus de trouver une personne disposée à nous épouser, nous voulons des partenaires dont l'amour grandit au fur et à mesure qu'ils apprennent à nous connaître ; bref, nous voulons le bonheur éternel.

Quand on sort avec une personne,
on espère trouver le partenaire qui
saura satisfaire nos besoins
élémentaires de survie et de sécurité,
mais aussi nos aspirations
émotionnelles, intellectuelles
et spirituelles.

Choisissez toujours l'amour, pas
seulement pour vous, mais pour vos
enfants, pour vos amis et même pour
la planète tout entière.

Le moyen le plus rapide de trouver un vrai partenaire (ou d'être trouvé par lui), c'est de provoquer des rencontres avec un esprit positif.

Comprendre que les hommes viennent de Mars et les femmes de Vénus ne va pas nécessairement transformer une simple liaison en relation durable mais cela rendra vos sorties plus amusantes, plus détendues et plus enrichissantes.

C'est en prenant des risques, en suivant son cœur et en se livrant pleinement dans ses relations que l'on se prépare à trouver le grand amour.

Quand deux âmes sœurs tombent amoureuses, il ne s'agit au fond que d'une reconnaissance mutuelle.

Trouver la personne qu'il vous faut, c'est comme atteindre le cœur d'une cible. Pour taper dans le mille, il faut beaucoup de pratique. Certains font mouche au premier coup, mais la plupart d'entre nous doivent s'y reprendre à plusieurs fois.

Quand nos cœurs sont ouverts, nous sommes plus à même de nous sentir attirés par la bonne personne et même de tomber amoureux.

C'est aussi simple et évident que de constater que le soleil brille, que l'eau dans votre verre est fraîche ou que le galet dans la paume de votre main est solide. Quand vous êtes avec la personne tant attendue, vous le savez d'instinct.

Un homme sera séduit par une femme qui sait afficher clairement sa satisfaction.

Il existe quatre sortes d'alchimie essentielles entre partenaires : physique, émotionnelle, intellectuelle et spirituelle.

L'alchimie physique suscite le désir. L'alchimie émotionnelle inspire la tendresse. L'alchimie intellectuelle est source d'intérêt. L'alchimie spirituelle fait naître l'amour. L'âme sœur possède les quatre.

La première difficulté dans une rencontre, c'est de renoncer à chercher l'âme sœur. Concentrez-vous sur vos propres sentiments, soyez prêts, et vous saurez reconnaître votre âme sœur quand elle paraîtra.

Pour savoir avec qui vous voulez passer le reste de vos jours, ouvrez votre cœur.

Pour susciter l'intérêt de partenaires éventuels, il faut exprimer le meilleur de soi-même, son côté le plus positif.

Plus nous apprendrons à exprimer librement notre personnalité, plus nous serons à l'aise, et mieux nous saurons discerner ce qui nous convient.

Un peu de distance n'est pas dommageable à l'amour. Non seulement elle attendrit les cœurs, mais elle donne aussi à un homme l'occasion d'intensifier la cour qu'il fait à sa partenaire.

Quand un homme se sent attiré par une femme, il est tout émoustillé à l'idée de pouvoir la rendre heureuse.

Une femme ne devrait jamais se sentir obligée de satisfaire un homme.

Quand vous sentez monter le désir de connaître à fond une personne et de vivre avec elle une relation exclusive, il est parfaitement naturel de soudain changer d'avis et de douter.

Une femme gagne en séduction
lorsqu'un homme sait clairement
ce qu'elle veut.

Vous ne pouvez pas obliger
quelqu'un à éprouver une attirance
physique pour vous. En revanche, vous
pouvez créer les conditions adéquates
pour que cette personne découvre
quelle alchimie est possible
entre vous.

Quand nous ressentons une alchimie avec un partenaire sur les quatre niveaux – physique, émotionnel, intellectuel et spirituel –, alors nous sommes fin prêts pour l'intimité.

Reconnaître son âme sœur se révèle, au départ, une simple intuition du cœur.

Aujourd'hui où vitesse est le maître mot, nous avons tendance à aller trop vite dans nos relations. Prenons garde à ne pas donner plus que notre partenaire.

Une femme a besoin de savoir ce qu'elle a d'unique aux yeux d'un homme.

Toute relation doit être vécue comme un don du ciel. Elle nous fournit l'occasion de nous préparer à trouver et à reconnaître l'âme sœur.

Mieux nous savons avec quel genre de personne nous souhaitons partager notre existence, plus nous sommes près de trouver l'âme sœur.

Lorsqu'une femme sent que
l'alchimie avec un homme s'opère sur
quatre niveaux – intellectuel,
émotionnel, spirituel et physique –,
son cœur commence à s'ouvrir.

Quand une femme répond aux
avances d'un homme, celui-ci a
l'impression d'avoir établi un lien
solide avec elle.

Quand une femme se soucie plus de donner que de recevoir, quand elle cherche davantage à *lui* faire plaisir qu'à *se* faire plaisir, l'homme risque de se détourner d'elle.

Adresser des compliments, c'est encore le meilleur moyen de communiquer son intérêt pour une personne et de permettre à ce sentiment de grandir.

Sortir avec une personne sans tenir compte de vos niveaux de maturité respectifs, c'est compromettre dès le départ vos chances de voir cette relation évoluer de façon positive.

Une femme apprécie tout particulièrement un compliment lorsque celui-ci touche un domaine dans lequel elle s'est beaucoup investie.

Quand une femme flirte avec un homme, elle exprime simplement le sentiment qu'il pourrait être l'homme capable de la rendre heureuse.

Les premières rencontres sont pour un homme l'occasion de présenter son curriculum vitae : « Voici ce que j'ai fait et ce que je peux faire. Posez-moi toutes les questions que vous voulez. »

Quand deux personnes qui
sortent ensemble apprennent à
maîtriser les techniques de base de la
communication, elles peuvent
découvrir ce qu'est l'intimité et la
plénitude au sein du couple. Non
seulement cela les encourage à
progresser plus avant dans la relation,
mais cela leur donne la possibilité de
s'aimer chaque jour davantage.

La plupart des gens trouvent l'âme
sœur quand ils ne s'y attendent
pas vraiment.

Quand un homme sait
communiquer à une femme son
intérêt certain pour elle et son désir
de passer plus de temps en sa
compagnie, elle est aux anges.

Lorsque vous vous croyez prêt à vivre une relation monogame, il est important de faire un essai pour voir si ça vous plaît.

Un homme s'engage plus profondément dans une relation lorsqu'il a l'impression d'avoir quelque chose à offrir et à partager.

En nous aidant à mieux comprendre les mécanismes qui régissent les rapports entre les hommes et les femmes, les liaisons même passagères peuvent satisfaire partiellement notre désir d'intimité et permettre l'éclosion des meilleures facettes de notre personnalité.

Les femmes sont surtout attirées par les hommes qui affichent une belle assurance.

Pour un homme comme pour une femme, le meilleur moyen de séduire, c'est de faire rejaillir chez l'autre l'expression de sa véritable personnalité.

Ce qui nous plaît tant dans les rencontres et les relations amoureuses, c'est le sentiment d'être invité à donner le meilleur de nous-même.

Le plus souvent, la confiance en soi a besoin d'être cultivée. C'est un sentiment qui est toujours présent chez une femme ; il a seulement besoin d'une occasion pour s'exprimer.

Une femme sûre d'elle-même sait qu'elle peut compter sur l'amour et le soutien de son entourage. Elle ne se sent jamais seule.

Une femme pleine d'assurance peut paraître très séduisante, mais il lui faut apprendre à user de ce pouvoir avec féminité.

Plus une femme gagne en assurance, moins elle se sent attirée par des hommes incapables de la traiter comme elle le mérite.

Quand une femme est sûre
d'elle-même, elle nourrit la confiance
d'un homme et son désir
de l'approcher.

Concevoir nos différences de
manière positive, c'est stimuler
l'attirance entre les hommes
et les femmes.

Plutôt que de prendre l'initiative avec son partenaire, une femme doit s'attacher à lui faire comprendre qu'elle accueillerait favorablement ses avances.

Un homme séduira à coup sûr une femme si elle se sent femme en sa compagnie.

En faisant preuve d'écoute sincère,
l'homme peut transformer une
relation, même vouée à l'échec, en une
expérience intime et enrichissante
pour la femme.

Lorsqu'il prend le temps de faire
preuve de romantisme, un homme se
donne l'occasion de vérifier et de se
rappeler que le jeu en vaut
la chandelle.

Un homme déterminé attire beaucoup les femmes. Quand il caresse un projet, un rêve, une ambition, il n'en est que plus séduisant.

Un homme devient irrésistible aux yeux d'une femme quand il fait d'elle le centre de son ambition.

Quand une femme est séduite par un homme riche ou influent, ce qui l'attire d'abord en lui, c'est la part de compétence et de sérieux qui a permis cette réussite.

Consciemment ou non, nous savons nous placer au bon endroit pour croiser un partenaire avec lequel nous avons des chances de sentir une alchimie immédiate.

Chaque jour, sans même le savoir, des hommes et des femmes font le nécessaire pour rencontrer l'âme sœur. Comme ils sont là où il faut quand il le faut, le miracle de l'amour peut se produire.

Les âmes sœurs ont des niveaux de maturité comparables.

Lorsqu'on prend conscience que des
centres d'intérêts différents sont source
d'alchimie, on comprend mieux
pourquoi il est parfois si difficile
de trouver l'âme sœur.

En cultivant les lieux et les
situations où les gens ont des centres
d'intérêts variés, nous augmentons de
façon spectaculaire nos chances de
rencontrer la bonne personne – celle
avec qui l'alchimie sera évidente.

Quand nous nous rendons dans un lieu nouveau, nous permettons à une nouvelle facette de notre personnalité de s'exprimer. Si nous sommes attirés par des personnes ayant des goûts différents des nôtres, c'est que leur compagnie nous stimule.

Qui est notre âme sœur ? Celui ou celle qui possède une qualité dont nous avons besoin.

L'alchimie émotionnelle nous libère
de nos conceptions étroites et
irréalistes sur l'apparence ou les
qualités rêvées du partenaire « idéal ».

Nous ressentons
automatiquement une alchimie
puissante avec une personne dont la
maturité et la profondeur d'âme sont
à l'image des nôtres.

Pour trouver l'âme sœur, et pas un simple compagnon, il faut de la pénétration et surtout beaucoup de pratique.

Même lorsque nous ressentons l'effet d'une forte alchimie avec une personne, nous pouvons facilement commettre l'erreur de croire que nous sommes trop différents pour que cela marche entre nous.

Il nous est impossible de reconnaître avec certitude une âme sœur tant que nous ne sommes pas prêts : pour ne pas faire erreur sur la personne, il faut d'abord se connaître soi-même.

Un homme choisira souvent d'ignorer l'attrait qu'il éprouve pour une femme à moins que celle-ci, du regard, ne lui donne le feu vert.

Si vous voulez connaître le grand amour, ne vous fiez pas aux apparences.

Une passion torride n'a de chance de durer que si l'attrait d'un homme pour une femme repose sur autre chose que sur son seul physique.

CONSOLIDER L'AMOUR

Quand vous êtes réellement satisfait de la vie que vous menez, l'intrusion d'une personne nouvelle ne peut être que positive.

Le désir de partager notre existence avec une personne est inscrit au plus profond de notre âme.

Au lieu de concevoir un quelconque sentiment de culpabilité ou de vulnérabilité lorsqu'on s'occupe de vous, choisissez d'y voir plutôt la preuve de l'amour que l'on vous porte.

Quand une seule personne fait l'effort d'ouvrir davantage son cœur, c'est l'humanité tout entière qui s'élève vers un amour plus grand.

L'amour peut durer toute une vie mais pour cela, il nous faut cesser d'entretenir de vaines espérances sur le comportement de notre partenaire afin d'aller vers une plus grande compréhension.

Les hommes ne redoutent pas l'intimité, pas plus qu'ils n'ont besoin de plusieurs années de thérapie – ils viennent de Mars.

L'amour n'est rien d'autre que la volonté de servir notre partenaire selon ses désirs, et une disponibilité à recevoir son soutien quand nous en avons besoin.

Il faut parfois une bonne dose d'abnégation pour s'accommoder de nos différences.

Encouragez votre partenaire à vous dire ce qu'il pense. S'il refuse de parler, n'insistez pas.

Il suffit parfois d'une douce insistance pour venir à bout des résistances de son partenaire.

Quand on aime, on doute souvent
de ce qu'on croit le plus.

Donnez à votre partenaire la
permission de s'occuper de lui, et il
vous retournera la faveur.

Les hommes détestent qu'on leur dise quoi faire, mais en revanche, ils apprécient que vous leur demandiez s'ils sont disposés à entendre certaines vérités.

Montrez à votre homme que vous appréciez ce qu'il fait et vous tiendrez là un véritable philtre d'amour ; il se montrera aussitôt plus calme et détendu.

Rappelez-vous qu'il n'incombe pas à votre partenaire de tout vous apporter dans la vie.

Les bienfaits que nous retirons d'une relation avec un être relèvent plus de ce que nous y apportons que de la personne en question.

Un homme s'épanouit quand il se sent disponible pour son entourage.

Une femme a besoin d'être aimée pour ce qu'elle est, plutôt que pour ce qu'elle fait.

S'octroyer des moments de solitude, c'est pour un homme le moyen de conserver son indépendance et son autonomie.

Dans une relation amoureuse, nous remplaçons notre besoin d'amour par le besoin d'être aimé de notre partenaire.

Trouver le véritable amour ne signifie pas que nous pourrons en jouir vingt-quatre heures sur vingt-quatre. Tout dans ce monde procède par cycles.

Quand nous parvenons à exprimer le meilleur de nous-même, nous attirons peu à peu dans notre existence, comme par magie, toutes les occasions de réussite dont nous avons besoin.

La femme est un diamant et l'homme lui fournit l'écrin nécessaire pour qu'elle brille de tous ses feux.

Il existe sur Mars une tendance instinctive à considérer qu'on ne change pas une formule qui marche.

On ne peut pas créer de toutes pièces une alchimie, mais on peut freiner ou favoriser son développement.

La plupart des femmes ne maîtrisent pas encore l'art d'être à la fois sûres d'elles-mêmes et féminines.

Les relations de couple sont comme
les plantes dans un jardin. Pour
qu'elles s'épanouissent et fleurissent,
il faut les arroser régulièrement.

Une femme doit admettre une
fois pour toutes que les apparences
sont trompeuses : un homme qui
donne trop peu n'est pas un homme
qui n'aime plus mais un homme
maladroit, ne sachant comment lui
apporter et lui exprimer son soutien.

Une femme accomplit un pas décisif vers le bonheur lorsqu'elle se contente de ce qu'elle a au lieu de remâcher sans cesse ce qui lui fait défaut.

La spontanéité chez une femme peut se révéler très séduisante à condition de n'être ni forcée ni simulée.

Ce sont moins les initiatives d'une femme qui rendent un homme heureux que sa façon de répondre à ses caresses.

Une femme n'attend pas d'un homme qu'il renonce à ses objectifs pour la rendre heureuse.

Il faut qu'un homme comprenne que le meilleur moyen d'aider une femme consiste parfois tout simplement à se rendre disponible.

Les rituels romantiques ont pour fonction de rappeler à une femme qu'il est bon parfois de recevoir au lieu de toujours donner.

En partageant sa vie avec un homme, une femme peut soulager le fardeau de ses responsabilités.

Lorsqu'elle a besoin d'un homme, une femme pense beaucoup moins à la sécurité matérielle qu'au réconfort émotionnel qu'il peut lui procurer.

Lorsque deux êtres partagent certaines valeurs, ils disposent d'une base sur laquelle ils peuvent aplanir leurs différences et trouver des compromis équitables.

Si nous sommes attirés par des personnes différentes de nous, c'est pour satisfaire l'aspiration profonde de notre âme à s'élargir et à embrasser ce qui nous dépasse.

Quand on aime sincèrement son partenaire, au fil du temps on se met à partager davantage ses centres d'intérêts.

Une sexualité épanouie n'est pas seulement l'indice d'une relation passionnée, c'en est aussi un des facteurs déterminants.

Un homme se sent plus libre de tenter de nouvelles expériences, de nouveaux gestes, quand il sait qu'il peut toujours revenir à des recettes simples et éprouvées.

Chaque femme est différente. Pour que l'homme comprenne ses attentes, il suffit souvent d'un dialogue franc et ouvert.

Pour s'assurer qu'une femme l'aime en retour, un homme n'a souvent besoin que de la sentir répondre à ses caresses.

Une femme adore que son amant joue avec son corps et la guide lentement vers les caresses plus précises auxquelles elle aspire en secret.

Quand un homme prend résolument la direction des opérations, la femme peut plus facilement se laisser aller et savourer les attentions dont elle est l'objet.

Lorsqu'il y a quelqu'un chez soi pour nous accueillir en fin de journée, quelqu'un qui apprécie notre valeur et se réjouit de notre compagnie, c'est toute notre existence qui prend un sens.

Quand on aime, on est au comble
du bonheur.

Plus notre amour grandit, plus
nous devenons dépendant de notre
partenaire.

Nous ne vivrons pas toujours un amour idyllique, mais l'espoir d'être aimé nous fournira toujours ce doux cocon capable de nous protéger du monde extérieur, glacé et indifférent.

Au lieu de vous croire toujours impuissant à influer sur l'évolution de votre couple, rappelez-vous que, en désespoir de cause, il vous reste à chérir sans condition votre partenaire.

Notre bonheur est plus vif
lorsque nous avons quelqu'un pour
nous aimer, comprendre nos soucis et
se réjouir de nos succès.

Quand on a une forte perception
de son être, on peut se lier à une autre
personne sans jamais risquer de perdre
de vue le sentiment de sa
propre valeur.

Ce dont une femme a besoin aujourd'hui dans une relation, c'est d'un homme qui respecte ses sentiments.

Plus les liens émotionnels au sein d'un couple se resserrent, plus le plaisir de la femme se fond avec celui de son amant.

Ce dont les enfants ont le plus besoin, c'est que leur mère soit une femme comblée.

Lorsqu'il parvient à créer un équilibre entre l'amour et le travail, un homme augmente de manière spectaculaire ses chances de réussite.

Une vie équilibrée est un aimant qui attire les chances de remporter de nouveaux succès.

Une relation amoureuse stable est le socle sur lequel un homme s'appuie pour réaliser ses objectifs.

Aux yeux d'une femme, le sexe doit toujours demeurer spontané afin de refléter ce que les deux partenaires ressentent au moment précis où ils font l'amour.

La femme la plus amoureuse aura du mal à éprouver des élans romantiques envers un homme qui ne fait jamais rien pour elle.

Quand notre cœur est ouvert,
nous pouvons être certain que nous
nous rapprochons de notre objectif.

Lorsque votre cœur déborde
d'amour, vous exprimez au maximum
votre potentiel tout en satisfaisant
l'objectif premier de votre âme :
aimer et être aimé.

N'oubliez jamais que votre partenaire a besoin de votre amour.

Une âme sœur est une sage-femme qui a l'art d'accoucher le meilleur de nous-même.

Quand nos relations amoureuses nous paraissent couler de source, nous commettons moins d'erreurs.

La meilleure des relations peut encore être améliorée.

L'attirance physique peut être entretenue toute une vie, à condition cependant de reposer aussi sur l'alchimie de l'esprit, du cœur et de l'âme.

Un homme a besoin de sentir que l'amour qu'il reçoit de sa partenaire résulte de ses efforts personnels, et pas seulement de ses qualités naturelles.

Une femme n'aime rien tant que de recevoir un mot doux, qui lui rappelle qu'on pense toujours à elle...

L'âme est cette part de vous qui ne change jamais.

Lorsqu'une relation satisfait nos besoins émotionnels, nos cœurs commencent à s'ouvrir et nous connaissons alors le véritable amour.

Les hommes sont prêts à se surpasser quand ils sentent que l'on a besoin d'eux ; les femmes sont disposées à en faire autant quand elles se savent aimées.

À mesure que l'on gagne en maturité et en autonomie, on devient naturellement plus exigeant dans ses choix et ses relations amoureuses.

L'âme sœur de chacun n'est pas parfaite, mais quand son cœur est ouvert et qu'on la reconnaît, elle est à tous égards parfaite pour soi.

L'amour spontané que vous éprouvez pour une âme sœur est le fondement qui vous permettra de partager votre existence avec une personne qui diffère de vous sous bien des rapports.

Prendre le temps de connaître son partenaire à fond – *par cœur* –, voilà le secret de la réussite d'un couple.

Lorsqu'on connaît ses qualités, on est prêt à affronter les facettes moins positives de sa personnalité.

Une femme peut très bien apprécier les efforts d'un homme, voire répondre à ses avances, sans pour autant lui devoir quoi que ce soit.

Quand une femme tombe amoureuse, elle a parfois l'impression d'avoir déjà obtenu tout ce dont elle avait pu rêver.

Les doutes d'un homme ne sont pas balayés par les gestes d'une femme à son égard, mais par sa manière de réagir à tout ce qu'il fait pour elle.

Un homme a tendance à considérer une relation comme un investissement. Il y consacre de l'énergie dans l'espoir d'en tirer quelque profit.

Quand le désir physique d'un homme est aussi l'expression de son amour, alors le moment est venu d'explorer un niveau d'intimité supérieur.

Le cœur d'une femme a la possibilité de s'ouvrir pleinement lorsqu'elle jouit d'une intimité physique croissante.

Quand vous croiserez l'âme sœur, vous le saurez d'instinct. Et vous passerez le restant de vos jours à découvrir pourquoi il ou elle est l'heureux(se) élu(e).

Dès lors que nous savons apprécier nos propres qualités et celles de notre partenaire, nous sommes prêts à tout connaître de lui et à nous livrer entièrement.

Tel le voyageur assoiffé égaré dans le désert, l'homme sexuellement repu peut enfin se détendre et se désaltérer longuement à l'oasis de ses sentiments.

L'alchimie spirituelle nous donne la force de surmonter les doutes, les critiques ou les exigences qui accompagnent parfois une relation.

Quand nous avons le cœur ouvert, que nous vouons un amour plein de respect à l'autre, nous sommes capables de lui apporter notre soutien même s'il n'est pas aussi parfait que nous l'avions d'abord cru.

Lorsqu'une femme s'ouvre lentement à une intimité plus profonde, elle se sent soulevée par des vagues grandissantes de plaisir et de plénitude.

Beaucoup d'hommes découvrent avec surprise que la complicité intellectuelle et l'harmonie émotionnelle peuvent s'avérer aussi satisfaisantes que l'intimité physique.

Quand un homme apprend à connaître sa partenaire en dehors des contraintes parfois stressantes du mariage, avec la ferme intention cependant de partager sa vie, il peut à loisir exprimer son côté le plus confiant, dynamique et responsable.

La sincérité est un ingrédient essentiel à l'amour, mais il est également primordial de bien choisir son moment avant de parler.

Chaque fois que nous agissons en conformité avec les engagements de notre âme, nous ouvrons davantage notre cœur et nous nous recentrons sur notre objectif premier.

Quand une femme se sent comblée par une relation, elle a envie de la rendre encore meilleure.

Il y a quelque chose d'unique en chaque femme, mais ce qui la rend encore plus exceptionnelle aux yeux d'un homme, c'est l'alchimie rare qu'il ressent pour elle.

En nous concentrant sur ce que chaque relation recèle de positif et de merveilleux, nous finirons par transformer nos rêves en réalité.

Lorsque vous connaissez les qualités d'une personne, votre cœur peut s'ouvrir davantage. Et si votre amour est assez fort, vous pourrez découvrir ses pires défauts sans pour autant saborder votre relation amoureuse.

L'homme est comblé quand la femme se montre réceptive aux efforts qu'il déploie pour l'intéresser et pour la satisfaire.

À mesure que son amour grandit, une femme est capable de discerner si un homme est fait pour elle, non pas parce qu'il répond aux prétendus critères de l'homme idéal, mais parce que, au fond d'elle-même, elle ressent un amour inconditionnel qui lui souffle : « Voilà la personne avec laquelle je suis faite pour vivre. »

Une femme donne ce qu'elle aimerait recevoir, espérant ainsi attiser l'intérêt d'un homme pour elle.

Une femme se sent comblée lorsque ses besoins sont satisfaits, tandis qu'un homme se sent comblé quand il parvient à la satisfaire.

Une femme croit à tort que pour mériter de recevoir ce à quoi elle aspire, elle doit toujours donner autant qu'elle reçoit.

Dans une relation amoureuse, le désir, l'intérêt et la passion naissent d'une tension dynamique. Cette tension est créée lorsque l'homme donne et que la femme reçoit sans aucun sentiment d'obligation.

Un homme noue des liens affectifs forts avec une femme lorsqu'il réussit à la rendre heureuse.

Le chemin le plus court vers le cœur d'un homme, c'est de le complimenter pour les efforts qu'il fournit.

Quand un homme reçoit d'une femme, cela le dispose à recevoir davantage, mais lorsqu'une femme reçoit d'un homme, elle se sent poussée à donner encore plus.

Quand une femme exprime tout son être, elle incarne généralement les trois caractéristiques principales de la féminité : elle est sûre d'elle, tendre et réceptive.

Ce que j'appelle réceptivité est l'aptitude à savourer ou à trouver du bon dans toute situation.

Quand un homme exprime sa présence virile, il incarne généralement les trois caractéristiques fondamentales de la masculinité : il est sûr de lui, déterminé et responsable.

L'homme doit se rappeler qu'une femme qui se plaint de ses problèmes ne les lui reproche pas forcément, et que parler l'aide à se soulager de ses frustrations. Quant à la femme, elle doit lui faire savoir que même si elle se plaint, elle continue de l'apprécier.

Lorsque le présent nous offre de nouvelles expériences positives d'amour et d'amitié, il nous est plus facile de relâcher une éventuelle crispation sur le passé.

Une femme a parfaitement le droit de manifester des vertus « masculines », mais elle s'expose à un coup de fouet en retour si elle ne se donne pas en outre l'occasion d'affirmer sa féminité.

Quand une femme établit une relation saine avec un homme — certaine d'obtenir le respect qui lui est dû, le soutien dont elle a besoin et qu'elle mérite —, elle saura faire jaillir le meilleur de son partenaire.

Le secret de la tendresse, c'est l'authenticité.

Un homme aime qu'une femme se sente libre d'être elle-même en sa compagnie. Il est séduit par sa spontanéité, son naturel et sa liberté d'expression. Si elle sait rester elle-même en sa présence, elle lui signifie qu'il n'a pas besoin de changer pour être avec elle.

Une femme sent quand un homme est sûr de lui. Et cette assurance masculine a pour effet de l'inciter à se relaxer, convaincue que son partenaire saura lui apporter ce dont elle a besoin.

Accepter un homme tout étant en désaccord avec lui revient à lui permettre d'assumer sa différence.

Rejeter un homme parce qu'il refuse de parler, c'est s'assurer qu'il ne dira jamais rien, puisque l'homme a besoin de se sentir accepté tel qu'il est avant de devenir peu à peu capable de s'ouvrir à sa moitié.

Quand l'homme affiche une belle confiance en soi, la femme se dit que tout va bien se passer.

Admettez une fois pour toutes qu'il est normal d'avoir des points de vue divergents sur l'argent, les enfants, le sexe, le travail, la disponibilité, etc. Vous venez de deux planètes différentes, voilà tout.

Comprenez que chacun de nous a
sa manière d'exprimer son amour
et vous trouverez plus facile de
vivre ensemble.

Les femmes aiment les hommes
qui ont un projet en tête. Elles
n'aiment pas que les hommes
dépendent trop d'elles pour trouver
la voie à suivre.

Un homme a besoin d'un objectif, d'une ambition qui le stimule en dehors de sa relation amoureuse.

Quand un homme puise en lui-même son but et sa motivation, une femme se sent à l'aise en sa présence. Au lieu de se dire qu'elle va devoir le prendre par la main, elle estime qu'il a l'énergie et la volonté nécessaires pour s'occuper d'elle de temps à autre, ce qui la comble d'aise.

Activement ou passivement, un homme résiste toujours aux tentatives entreprises pour le changer.

Il arrive qu'un homme ne soit pas pleinement responsable dans tous les secteurs de sa vie, mais son dévouement et son sens des responsabilités resurgiront clairement dans ce qui lui touche le plus à cœur.

Lorsqu'une femme sait avec certitude qu'elle peut être satisfaite, cela la rend très séduisante et lui évite d'apparaître trop « demandeuse » ou « en manque ».

Deux âmes sœurs ont des valeurs qui se répondent.

Quand nous sommes bien avec notre partenaire, ce qui compte le plus à ses yeux fait écho à ce qui compte le plus aux nôtres.

Quand une femme réagit de manière positive à ce que lui offre un homme, ce dernier en déduit qu'il n'essuiera pas de rejet catégorique.

Connais-toi toi-même avant de

songer à partager ta vie avec

une autre personne.

Une demande en mariage devrait

être un cri du cœur, libre et joyeux.

L'amour que nous ressentons lorsque nous échangeons des vœux avec notre partenaire n'est pas seulement réel et durable, il est aussi porteur d'espoir. Semblable à une graine qui enferme le champ des possibles, il constitue la base sur laquelle nous allons bâtir notre existence à deux. Pour donner à cette semence une chance de grandir, nous devons prendre le temps de célébrer notre amour.

L'échange des consentements entre deux êtres leur fournit un socle solide et nécessaire pour affronter les difficultés de la vie en commun.

Les fiançailles sont pour deux êtres l'occasion de se forger des souvenirs forts de leur amour réciproque.

Une femme sera plus heureuse en ménage si elle se rappelle les sentiments tendres et passionnés qu'elle éprouvait au moment de convoler en justes noces.

La période des fiançailles offre une occasion formidable de pratiquer les deux vertus les plus importantes pour une union durable : le courage de s'excuser et l'art de pardonner.

N'oubliez jamais que le meilleur moyen de prévenir une dispute est souvent de savoir la désamorcer avant qu'elle n'éclate et de rester calme en attendant que la tempête passe.

En conservant intacte notre promesse d'aimer notre partenaire pour le meilleur et pour le pire, nous saurons ouvrir toujours plus notre cœur.

Garder en mémoire nos différences et ne jamais perdre le sens de l'humour sont les clés d'un mariage heureux.

Contrairement à ce qu'on voudrait nous faire croire, les chances de réussir son mariage sont très élevées : imaginez un peu si cinquante pour cent des gens qui jouaient au Loto gagnaient le gros lot !

Nous supposons à tort que, s'il nous aime, notre partenaire aura les réactions et le comportement qui sont les nôtres lorsque nous aimons quelqu'un.

Le jour où elle prend la décision de se marier, une personne renforce sa conviction intime qu'elle aime son partenaire au point de vouloir passer sa vie à ses côtés.

Quand on est heureux dans sa relation amoureuse, on est aussi un bon parent.

En présence de nos enfants, nous avons tendance à mettre un frein à nos marques d'affection, alors que nous devrions les exprimer en toute liberté.

ÉPROUVER L'AMOUR

Lorsque nous nous montrons plus attentifs aux bonnes intentions et à la sollicitude de notre partenaire, notre relation change du tout au tout. Au lieu de nous sentir rejetés ou ignorés, nous découvrons que l'amour n'a jamais cessé d'être présent.

L'erreur est humaine. Et pardonner les erreurs, c'est le grand œuvre de l'amour.

Quand on veut bien admettre que les hommes viennent de Mars et les femmes de Vénus, on comprend que son partenaire n'est pas borné ou désagréable, mais qu'il vient simplement d'une autre planète.

Prenez votre partenaire dans vos bras et vous pourrez dissiper en quelques instants toute trace de colère ou de ressentiment.

Partager certaines valeurs, c'est déjà être compatibles. Cette base commune doit nous aider à surmonter les difficultés inhérentes à toute relation.

Quand on montre à dessein de l'indulgence pour les peccadilles, notre aptitude à pardonner s'accroît peu à peu, au point que nous trouvons bientôt la force de passer l'éponge sur les fautes graves.

Présenter des excuses, c'est dire à votre partenaire que vous comprenez sa colère et que vous en reconnaissez la légitimité. Vous admettez avoir commis une erreur en même temps que vous signifiez votre intention de la réparer.

Le plus grand défi pour une femme, c'est de savoir déposer sa rancœur pour trouver la force de pardonner.

Présenter ses excuses, c'est assumer la responsabilité d'une erreur et s'engager à y remédier.

Plus la faute est ancienne, plus la blessure qui en a résulté met de temps à se refermer.

Quand une femme se plaint à propos de petits riens, un homme s'imagine qu'elle ne sait pas apprécier les grands gestes.

« Quand il m'abreuve de conseils au lieu de simplement m'écouter, ce n'est pas qu'il traite mes doléances à la légère, mais qu'il a oublié ce dont j'ai réellement besoin. »

Prendre le temps nécessaire pour pardonner et panser les blessures, c'est un premier pas vers une relation plus harmonieuse.

Si vous savez plaisanter à propos de situations qui autrefois déclenchaient une dispute, votre relation s'améliorera de manière spectaculaire.

Le pardon renforce les liens. Sans lui, une relation ne saurait s'épanouir. D'une certaine façon, le pardon met notre amour à l'épreuve et le fortifie.

Nos sentiments refoulés sont comme notre ombre : ils nous suivent où que nous allions.

À vouloir trop en faire, trop donner, une femme finit par perdre de vue ses sentiments réels et ses besoins personnels.

P lus vous serez sûr de vous, moins vous aurez tendance à vous poser en victime à la merci des sautes d'humeur de votre partenaire.

Les hommes se montrent beaucoup
mieux disposés quand on ne les
considère pas comme le problème
mais comme la solution.

Agissez avec tact lorsque vous
proposez à un homme de résoudre un
problème, car il risque de penser que
vous le jugez incapable de trouver
lui-même la solution.

Depuis leur plus tendre enfance, on enseigne aux femmes à se montrer désirables au lieu de désirer.

Servez-vous de vos préjugés négatifs comme du faisceau d'une lampe pour débusquer les sentiments refoulés dans le placard de votre inconscient.

Tenez bon dans les tempêtes comme dans les périodes de disette qui ne manqueront pas de s'abattre sur votre amour, surmontez sans relâche les conflits nés de vos différences et souvenez-vous de votre engagement à nourrir une relation de qualité : vous trouverez alors votre âme sœur et vous vivrez heureux jusqu'à la fin de vos jours.

Un homme doit garder la confiance de sa partenaire s'il veut rester séduisant à ses yeux.

Lorsqu'ils souffrent, les hommes peuvent hâter leur guérison en écoutant les témoignages de personnes dans la même situation qu'eux, alors que les femmes ont d'abord besoin d'être entendues.

Une véritable histoire d'amour n'a que faire de la perfection.

Pour ouvrir nos cœurs, nous devons souvent faire table rase de notre conditionnement passé pour éprouver pleinement chacune des quatre émotions guérissantes : la colère, la tristesse, la peur et le chagrin.

Quatre-vingt-dix pour cent de la rancœur que nous éprouvons au présent découle de notre passé et seulement dix pour cent provient de ce que nous prenons pour l'objet de notre colère.

Quand une femme se languit de
la tendresse d'un homme, c'est en fait
sa propre douceur qu'elle cherche
à retrouver.

La guérison du cœur est un lent
processus de dévoilement, qui
s'effectue une couche après l'autre.

En établissant un pont entre votre douleur actuelle et une blessure ancienne, vous réussirez à libérer des émotions refoulées qui entravent votre aptitude à sentir et à exorciser votre mal.

Panser des plaies anciennes renforce notre capacité à pardonner et notre aptitude à aborder le présent avec des sentiments de gratitude et de confiance.

Chaque fois que vous ressentez de la douleur au présent, vous pouvez puiser des forces nouvelles en vous remémorant des souvenirs heureux.

Si les femmes ont tant de mal à lever le pied, c'est qu'elles ne savent pas dire non avec amour.

Vouloir toujours plus ne devient un problème que lorsque l'objet de ses désirs est inaccessible.

Si vous prenez le temps de lier votre douleur présente avec les blessures du passé, vous trouverez un soulagement immédiat aux maux de votre cœur.

Ce ne sont pas les actions d'éclat mais les petites attentions qui entretiennent l'amour.

Notre faculté de ressentir pleinement nos émotions n'a rien à voir avec la différence entre les sexes. En fait, elle dépend en grande partie de nos parents, du contexte social et des expériences de notre petite enfance.

Un homme peut se charger d'une pression énorme sur les épaules en voulant à tout prix se mesurer à des critères irréalistes.

Si vos responsabilités de parents vous absorbent trop, vous risquez d'étouffer le besoin d'amour et de complicité de votre couple.

Quand un homme se sent de taille à résoudre un problème, alors il trouvera l'énergie de mener la tâche à son terme.

Il arrive qu'un couple se dispute sur des questions graves, mais c'est la bonne gestion des petits tracas de la vie courante qui incite une femme à donner à son partenaire tout l'amour dont il a besoin pour persévérer.

Une relation amoureuse réussie est le fruit d'un équilibre très délicat entre prendre et donner.

Après avoir pratiqué pendant des années le maquillage émotionnel pour se rendre plus désirable, une femme devient tellement habile à déguiser ses sentiments qu'il lui arrive parfois de se leurrer elle-même.

Si l'homme n'a pas conscience que s'enfermer dans sa coquille n'est pas l'unique solution pour gérer ses problèmes, il ne fera pas la démarche de solliciter un soutien extérieur.

Les sacrifices sont inhérents à une relation entre deux êtres, mais les femmes en sont trop coutumières.

S'il ne saisit pas l'importance que revêtent les gestes romantiques, un homme cessera inconsciemment de faire tout ce qui le rendait si séduisant au début de la relation.

Il est facile de se montrer affectueux quand on est de bonne humeur. Le véritable indice de l'amour, c'est d'être capable de tendresse même lorsqu'on s'est levé du mauvais pied.

Plus un homme présente des excuses, plus il est pardonné, et plus il devient attentionné.

Quand un homme découvre l'intimité, il peut avoir de temps à autre le besoin de prendre quelque distance avant de se rapprocher.

Très souvent, un homme prend conscience de son amour pour une femme lorsqu'il est directement confronté à la possibilité de la perdre.

La meilleure manière d'aider un homme à s'épanouir est de ne pas du tout chercher à le transformer.

Un homme est attiré par une
femme quand il se sent viril
en sa présence.

Les femmes d'aujourd'hui
ressentent profondément le besoin
d'une relation intime que seuls une
bonne communication et le
romantisme peuvent fournir.

Vouloir plus n'est pas un drame, mais ne pas savoir apprécier ce qu'on a est une tare rédhibitoire.

Plus une femme acquiert de l'autonomie, plus elle se languit du réconfort, de la tendresse et du romantisme que peut lui apporter la compagnie d'un homme.

Les femmes modernes sont désormais tellement habituées à assumer les responsabilités qu'on ne sait plus très bien pourquoi elles ont besoin d'un homme.

Pour accorder son pardon, une femme a besoin de parler et d'exposer ses sentiments jusqu'à ce que l'homme comprenne sincèrement les raisons de sa colère.

Si l'homme reconnaît le besoin de la femme d'être entendue, elle admettra en retour son besoin à lui d'être libre.

Une femme n'attend pas d'être à bout de ressources pour demander de l'aide à un homme. Et si elle a besoin de son soutien, ce n'est pas non plus par faiblesse ou par impuissance.

Il n'y a pas de plus grande erreur
que de sacrifier sa vie pour
un homme.

Lorsqu'il prend conscience que
certains heurts sont aussi récurrents
qu'inévitables, un homme s'aperçoit
parfois que ses problèmes de couple
sont dus davantage à sa façon de les
aborder qu'à la personnalité de
sa femme.

Si les hommes ne devaient se fixer
qu'un objectif, ce serait de renoncer
aux gestes grandioses pour se
concentrer davantage sur les détails
de la vie courante.

La plus grande difficulté à
surmonter pour un homme, c'est de
continuer à donner le meilleur de
lui-même lorsque par le passé ses
efforts n'ont pas été appréciés à leur
juste valeur.

Lorsque les hommes et les femmes ne se comprennent pas, lorsqu'ils interprètent à tort leurs gestes et qu'ils communiquent mal leurs sentiments, ils sont incapables de s'enrichir l'un l'autre et d'obtenir ce après quoi leur cœur soupire.

Qu'est-ce que le véritable amour ? C'est apprendre à aimer une personne malgré ses défauts et dans toutes ses différences.

Si, au fond de lui-même, l'homme
cache une douleur secrète, s'il se sent
rejeté ou indigne d'amour, ces
appréhensions se mettront à affleurer,
à mesure qu'il se rapprochera d'une
femme.

Quand la rancœur est évacuée par
un meilleur dialogue, par la tolérance
et le pardon, nos différences
n'apparaissent plus comme
des obstacles.

Un homme a besoin de savoir qu'il peut chercher à satisfaire une femme sans pour autant assumer seul la responsabilité de son bonheur.

Lorsque leur relation est bonne, les couples surmontent les difficultés et finissent par se rapprocher. A posteriori, ils parviennent même à rire de leurs frustrations et de leurs déceptions.

RÉAPPRENDRE L'AMOUR

Comment savoir s'il est temps de vous lancer dans une nouvelle aventure amoureuse ? Nul ne peut répondre à cette question à votre place ; vous devez écouter la voix de votre cœur.

Pour que le partage avec une autre personne soit une réussite, nous devons posséder un sens fort de notre identité propre et ne pas être « en manque ».

Prenez garde à ne pas réprimer vos émotions, car ce refoulement peut éveiller en vous une tendance à l'autodestruction.

Si vous commencez une nouvelle histoire, soyez assuré que vous allez trouver l'amour que vous méritez. N'hésitez pas à partager celui que vous sentez au fond de votre cœur.

Si vous parvenez à panser un cœur brisé, celui-ci sortira plus fort de cette épreuve.

Chaque fois que vous obéissez à un sentiment d'attirance et que la personne vous quitte au moment où vous commencez à la connaître, ne désespérez pas : vous vous préparez progressivement à une rencontre décisive.

Quand la douleur a finalement déserté nos cœurs, il reste la paix de l'âme et les souvenirs heureux.

L'acte même de refuser une relation qui ne saurait vous satisfaire est un moyen d'aiguiser votre aptitude à reconnaître la personne qui vous convient.

Lorsque nous découvrons que l'amour vit toujours en nous, les nuages noirs du désespoir se dissiperont pour laisser pénétrer les chauds rayons du soleil de l'amour.

Il est impossible à votre cœur de s'ouvrir pleinement quand il est hermétiquement clos à une personne de votre passé.

Aussitôt après une rupture et avant de s'engager de nouveau, il est important pour un homme de retrouver son sens de l'indépendance et de l'autonomie.

Pour exorciser une douleur, il faut la ressentir au plus profond de sa chair, mais savoir aussi reconnaître qu'elle appartient au passé.

Nous serons mieux à même de soigner nos blessures de cœur si nous prenons le temps d'explorer nos expériences passées avec un esprit d'ouverture : nous retrouverons alors le contact avec le pardon, la gratitude et la confiance.

Tant que nous vivons dans le passé, nous ne pouvons apprécier pleinement les nouvelles occasions qui s'offrent à nous.

Rappelez-vous que l'heure la plus sombre est celle qui précède le lever du jour. La relation peut s'assombrir, mais la lumière de l'amour, elle, est au bout du tunnel.

Prendre le temps de soigner son cœur meurtri est un moyen efficace de décupler son estime de soi.

Pour peu qu'on ait le cœur ouvert,
notre âme saura nous souffler s'il faut
poursuivre la relation ou choisir de
rompre.

Chaque fois que, fidèle à votre
cœur, vous estimez que telle ou telle
personne n'est pas faite pour vous,
vous accomplissez un pas de plus à la
rencontre de l'âme sœur.

Le temps que dure une relation n'est jamais perdu, pour peu que vous sachiez en tirer les leçons et y mettre fin de manière positive.

La différence entre la réussite et l'échec, c'est la capacité à tirer des leçons de nos erreurs afin de gagner en perspicacité.

Quand une relation s'étiole, il est bon de prendre le temps de réfléchir aux possibles enseignements avant de recommencer. Quand vous vous sentez capables d'en tirer des éléments positifs, alors vous êtes prêts à aller de l'avant.

La façon dont nous gérons la perte de l'amour est annonciateur de notre manière d'aborder l'amour à venir.

Si les femmes indépendantes, brillantes et sûres d'elles ont souvent du mal à trouver l'homme qu'il leur faut ou à préserver leur couple, c'est d'abord parce que les caractéristiques principales qui assurent leur réussite professionnelle ont tendance à les rendre malheureuses en amour.

Les bons dénouements font les bons recommencements.